KB044035

무의미를 읽는 순간

의미로부터의 해방

가와사키 쇼헤이 지음
구수영 옮김

이건 그림자다.

내 육체의 일부가 땅 위 어딘가에

떨어뜨린 그림자.

당신에게 의미 있는 것은
어디에도 보이지 않는다.
무의미만이 이곳에 있다.

하지만 그림자가 있다는
사실로 어떤 진실이 드러난다.
―이 세계에는 빛이 있다.

혹은 이렇게 생각할 수도 있다.
이 무의미가 있기에 의미가 생겨나는 것이라고.

들어가며

이 책의 역할은 매우 단순합니다. 그저 무의미의 가치를 전할 뿐입니다. 무의미의 쾌락이라고 바꿔 말해도 좋습니다. 무의미는 사실 무척이나 멋진 존재지만, 안타깝게도 우리는 일상생활에서 무의미를 너무나 등한시합니다.

당연한 일입니다. 왜냐하면 현대인의 일상은, 넘쳐흐르는 의미를 소화하기에도 바쁘니까요. 우리는 효율성에만 집착해서 정보라는 의미에 속박되거나, 더 나은 삶을 위해서 사회라는 의미에 휘둘리기도 합니다. 우리는 의미와의 관계를 결코 피할 수 없습니다. 시간이라는 의미를 무시하다가는 매일 회사에 지각하게 될 것이고, 숫자라는 의미를 소중히 여기지 않으면 사회의 일원으로서 인정받을 수 없습니다. 당신도, 저도 의미로부터 완전히 자유로워지는 일은 현실적으로 불가능합니다.

이처럼 의미는 일상생활에서 빼놓을 수 없는 존재지만, 우리의 마음을 지치게 만들기도 합니다. 거리에도, 집에도, 커뮤니티에도, 친한 사람들과의 대화에도, 인터넷에도 의미는 넘쳐납니다. 대중교통을 이용하여 어딘가로 향하면서 스마트폰을 들여다보는 과정에서 만나는 의미는, 아마 30년 이전보다 총량은 늘어났을 겁니다(생각해 보세요. 1980년대라면 여러분이 지하철을 타고 이동할 때, 2천 킬로미터 떨어진 곳에 살고 있는 누군가가 끄적거린 글을 찾아보고 생각에 잠길 수 있을까요?).

이러한 변화는 무의미하지 않습니다(맞습니다. 변화 또한 의미를, 그것도 엄청난 의미의 범람을 불러일으킵니다). 실제로 우리 생활에서 의미가 주는 장점을 부정할 수는 없습니다. 범람하는 의미와 제대로 마주함으로써 지식이나 쾌락을 얻는 면도 분명히 존재하기에, 이 책에서 의미 그 자체를 비난하지는 않습니다. '의미에는 의미가 있습니다.' 이것은 절대 바뀌지 않는 전제로서 책을 시작하기 전에 강조해 두고 싶습니다.

그러한 전제를 바탕으로 저는 무의미의 효과를 생각해

보고자 합니다. 의미에 지친 마음에 무의미가 울려 퍼지는 순간이 있지 않을까요? 의미에 둘러싸인 일상에 무의미가 가만히 꽃을 피우는 때가 있는 게 아닐까요? 의미에 속박당한 우리 사회에 무의미의 아름다움이 빛나는 미래가 있지 않을까요? 이 책은 의미에 살해당하기 전에 무의미를 발견하고, 무의미의 아름다움을 접함으로써, 심리적인 안정과 건강한 사고를 되찾자고 제안하는 것이 목적입니다.

그런 뜻에서 이 책이 여러분에게 효과적으로 다가갈수록 모순이 발생하게 됩니다. 무의미의 가치를 발견하고, 무의미의 관점에서 생각하고, 무의미를 통해 마음이 건강해진 그때, 무의미는 당신에게 의미 있는 것으로 승화하기 때문입니다.

무의미가 진정한 의미에서 무의미가 아니게 되는 순간이 당신에게 찾아오기를, 저는 진심으로 바랍니다.

목차

너무 의미를
찾지 말고
읽어 주세요.

의
미
에

살
해
당
하
지

않
기

위
해

길을 헤매기도 어렵다.

앞으로 나아갈 길마저 의미가 참견하니까.

실패 또한 어렵다.

밀려오는 의미가 올바른 답을 강요하니까.

의미의 가장 큰 죄는

우리에게 '틀릴 자유'를 빼앗은 것이다.

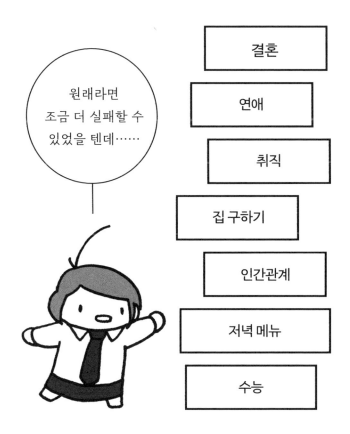

원래라면
조금 더 실패할 수
있었을 텐데……

결혼

연애

취직

집 구하기

인간관계

저녁 메뉴

수능

의미는 공기처럼 생활 공간에 침투해서,

우리의 사고를 지배한다.

밀려오는 의미는 때때로 극심한 스트레스를 준다.

어째서 '살해당한 아이의 이름'을 알아야만 하지?

어째서 '정의를 휘두르는 집단'을 바라봐야만 하지?

필요한 의미가 있을지도 모르지만,

넘쳐흐르는 의미는 괴롭기만 하다.

숫자라는 의미 또한 내 마음을 괴롭힌다.
얼굴도 모르는 타인들의 평균 연봉을 들려줘서
가난한 기분이 들게 하는 이유는 뭘까?

마찬가지로 단어가 지닌 의미도 종종 나를 괴롭힌다.
쓴 단어, 읽은 단어…… 그 의미가 언제나 나를 덮친다.

던 나는 그 말에 그렇게까지 놀라지 않았다. "당하면 좋았을 텐데." 나는 조

장을 들었다. 문자열 자체에 불만도 없었다. 단 하나, 사역 접미사가 따라

는 나의 짐작은 배신당한 듯했고, 그녀가 사용한 동사는 그 의미에 있어

동적으로 만들었다. 그것이 내 성질을 조금 거슬리게 해서 덤벼들었는지

"그렇게 하도록 내   그럴 순 없어. 그건 말도 안 돼." 내가

박하자, "그게 아   정말로 그 말에   아니라, 당하라고 말한 거야." 그

어조로 내가 바꾸   의미가 있어?   "왜 바로 그렇게 '나'를 주인공으

못해 안달인 거야?   처럼." 그녀의 말투는 확실히 나에게

가 순간 지키려고 했던 나가 보잘것없는, 뭐랄까, 허세 같은 것이랄까, 혹

쓰고 싶지 않은 단어지만, 프라이드가 깨끗이 짓밟힌 것 같았다. "알겠어

강의를 해 주는 거니까, 감사히 들어. 그렇게 하도록 내버려 두라는 게 아

라고 한 거야. 너는 그 교수와 서, 스스로 당했어야 해. 그렇

설가가 되고 싶다고 지껄인 스키는 재미가 없다면서 한

않은 주제에, 애초에 공부가 는 스물네 살의 대학원생 여

한 끈도 없고, 최근 몇 년간 2천 부를 판매했다는 역사

문학 애호 잡지의 편집위원 이 장점인 기름기가 득실거리

한테, 그 보잘것없는 잡지에 50장도 되지 않는 재미없는 단편소설을 게재

바꿔서 일방적으로 당하며 ■■■■받으면서 필사적으로 재미없

써서, 그럼에도 어떻게든 탈고하면, 너는 다음 단계로 가게 되는 거야? 왜

는 거야?" 그녀는 거리낌 없이 내뱉었다. 나는 가만히 듣고 있었다. 그녀를

거나 혹은 반대로 기죽은 모습을 보인다거나 그런 행동은 하지 않고 입을

를 가만히 바라봤다. 그녀의 혀는 날카로움을 잊지 않았다. "더는 말이야.

설 따위 읽지 않아. 책 따위 사지 않아. 그런데도 너는 여전히 소설을 쓸 거

를 상대로? 무엇을 쓸 거야? 어떻게 전할 거야? 일단 쓰면 편집자가 칭찬

판사가 광고해 주고 독자가 기뻐할 거라고 생각하는 거야? 그럴 리 없잖아

니야? 저기 말이야. 그저 단 하나, 문학에 상업적 가치가 있다고 한다면,

◆

　누구나 삶에서 의미를 추구한다. 그 의미를 스스로 발견해서 손에 넣었다면 괜찮다. 하지만 강요받은 의미라면 문제가 된다. 강제로 주입된 의미는 우리에게 실패할 자유를 빼앗는다. 내가 부탁하지도 않았는데, 다음에 오는 전철의 도착 시간이 전해진다. 그럼 이렇게 생각하게 된다. '아직 5분이나 남았네, 좋아. 스마트폰으로 메일을 확인해야지. 흠, 연락이 3건이나 와 있네. 이거랑 이건 5분 안에 답을 쓸 수 있겠어. 이건 뒤로 미뤄도 될까'라는 식이다. 도착 시간이라는 의미를 모르고 있었다면, 그저 멍하니 전철을 기다렸을지도 모른다. 아니면 곧 도착할 전철을 기다리며 선로 안쪽으로 시선을 던졌을지도 모른다. 야마노테선의 플랫폼에서 도쿄의 두툼한 피부가 벗겨져 뼈로 된 풍경을 눈에 담고, 지금 생각하는 것보다 훨씬 자극적이고 피가 끓을 만한 무언가를 떠올릴 수 있었을지도 모른다. ─하지만 그러한 가능성은 살해당했다. 무자비하게 초래된 의미에 의해.

세상을 떠도는 의미—정보라는 이름의 폭력—이 우리의 행동을 결정하는 순간이 두렵다. '누군가가 삶에서 필요한 의미를 미리 정해뒀고, 그걸로 미래가 결정되어 있다면 진심으로 살아갈 의미가 있을까?' '아예 정해진 의미대로 따라가면 고민할 시간도 크게 줄어들 테니 좋을지도 모르겠다'라는 생각마저 든다. 의미의 노예가 되더라도 살아 있다고 말할 수 있을까? 아니, 죽지는 않겠지만 노예가 되는 순간을 자각해 버리면, 내가 느끼는 오성悟性조차 의미에 살해당할 것이다.

　특히 정보라는 의미는 우리를 가만히 내버려 두지 않는다. 정보는 내가 고민하는 순간—내가 사랑해 마지않는, 무언가를 상상하고 이미지를 그리는 데 필요한 순간—을 파괴한다. 언제든지 자유롭게 생각할 수 없기에 스트레스를 받는다.

◆

　그러나 의미로부터 도움을 받는 순간도 있다. 의미에 스트레스를 받는다고 적었지만, 의미라는 존재 없이는 아무것도 할 수 없는 순간도 있다. 예를 들어 요리 경험도 부족한데, 아내가 기뻐할 요리를 레시피도 없이 만들 수 있을까?

　우리는 정보, 숫자, 말이라는 의미를 접하지 않고서는 살아갈 수 없다. 의미를 접하지 않는다는 것은, 예를 들어 눈을 감고 귀를 막은 채 시부야의 스크램블 교차로를 누구와도 부딪히지 않고 걷는 것과 비슷하다. 쉽사리 도전할 수 없으며 그럴 마음도 생기지 않는다. 의미에 스트레스를 받는다고 말했지만, 의미가 사라진 세계에 도전하는 것도 난감하다.

　인정하자. 의미는 필요하다. 그러나 필요 이상의 의미는 과도한 스트레스만 유발할 뿐이다. 의미에 방해받지 않고 자유롭게 생각할 수 있다면, 제대로 된 의미와 만날 수 있다. 하지만 지금 와서 스마트폰을 버리거나 인터넷에 접속하지 않을 수는 없다. 좋든 싫든 간에 의미라는 옷을 두툼하게 껴입고 말았다. 현대를 살아가는 우리는 의미의 홍수 속에서 헤엄치는 것 말고는 다른 방법이 없다.

그리고 호흡을 가다듬는 것도 잊지 말아야 한다. 우리가 지친 몸과 마음을 회복하지 않으면, 의미에 질식해서 서서히 죽고 말 것이다. 나는 최근 몇 년간 의미로부터 잠깐이라도 벗어나는 방법을 진지하게 고민했다. 그리하여 의미와 의미 사이에 있는 무언가—의미가 희미해지는 찰나—, 곧 무의미라는 존재를 깨달았다.

◆

의미의 파도가 끊임없이 우리를 덮쳐 오지만, 거기에는 일정한 리듬이 있다. 의미의 파도에 휩쓸린 직후에는 고요

함이 찾아온다. 그 순간 의미의 연쇄가 느슨해지며, 의미가 사라진다. 아니, **무의미만 있다.**

우리에게 찾아온 무의미를, 의미와 싸우거나 의미를 소화하느라 바쁜 나머지 놓쳐 버릴 수도 있다. 하지만 그 가운데 제대로 숨만 쉴 수 있다면, 무의미는 조용히 우리를 지켜 준다. 물론 그냥 지나칠 수도 있고, 간과하기도 쉽다. 하지만 무의미에 시선을 두고, 발길을 향하고, 손을 뻗으면…… 무의미가 놀랄 정도로 상냥한 미소를 보여 줄 것이다.

무의미가 '의미에 살해당하는 우리의 마음을 구해 준다'라고 적으면, "그럼, 무의미에도 **의미가 있는** 거 아닌가?"라고 지적할 수도 있다. 무의미가 의미로부터의 치유—혹은 의미로부터의 저항—이라는 의미가 있어서, 무의미라고 부를 수 없다고 주장한다면, 나는 다음과 같이 반론하겠다. "그래도 당신이 의미를 찾기 전까지 그것은 분명 무의미였을 것이다"라고.

　이 책의 역할은 무의미를 자신에게 의미 있는 것으로 만들기 위한 사고방식이나 행동을 전하는 데 있다. 지금부터 무의미에서 가치를 찾고, 무의미를 사랑하기 위한 몇 가지 아이디어를 제안하려고 한다. 독자인 당신에게 의미가 있을지, 아니면 무의미한 문장의 나열에 지나지 않을지. 그것이야말로 당신이 결정할 권리이자, 당신에게만 허락된 의미와 무의미가 뒤섞인 상태다.

◆

　당신은 이 책을 읽는 동안 스마트폰에서 손을 떼고, 인터넷이라는 가상의 세계가 아니라 현실에 정신을 집중하게 된다. 그리고 매일 회사와 집을 왕복하는 것처럼, 일상을 강요하는 여러 의미로부터 자유로워질 것이다. 내가 하는 말이 무의미하다고 생각하거나, 내가 제안하는 아이디어가 무의미하다고 웃어도 좋다. 그러면서 의미에 지친 자신을 잠깐이라도 잊을 수 있다면, 분명 의미에서 벗어나 무의미가 주는 자유를 맛보게 될 것이다.

　이 책의 독자가 무의미의 필요성을 느낄 수 있게 되기를 바라면서, 나 자신도 극상의 무의미를 종이 위에 만들어 낼 수 있을지 기대된다. 그러한 무의미한 도전으로 (의미가 있는지 어떤지 알 수 없는 현시점에서는) 잠시나마 의미로부터 해방될 테니까.

무
의
미
를
권
하
다

누군가가 했을 법한 무의미한 일을 해 본다.

손끝의 감촉만으로 주머니에 있는

동전의 총합을 계산해 보자.

답 따위는 아무래도 좋다.

의미 있는 것을 의심한다.

그런 후에 그 의미를 말하는 사람에게 되물어 보자.

"어째서 그렇게 괴로운 표정을 짓고 있나요?"

의미 있는 일을 하면,

사회는 더욱 큰 의미를 요구할 뿐이다.

끝없는 의미를 짊어지면서 우리는 지쳐간다.

거기에 무슨 의미가 있을까?

무의미를 누리기는 어렵다.

시간이나 돈처럼 의미 있다고 여겨지는 가치를

(얼마 안 되는 짧은 순간이라도) 내던져야 하니까.

하지만 그것을 던져 버린 후에 얻는 쾌감은

절대 무의미하지 않다.

◆

만약 당신의 행동이 누군가로부터 "그런 거 해봤자 아무 의미도 없잖아"라고 비판을 받는다면, 이렇게 답변해 보자. "그게 아냐. 의미가 없으니까 하는 거야"라고 가슴을 펴고 당당하게 말하길 바란다. 무의미는 아무런 죄가 없다. 오히려 의미 있는 행위만을 선택해 실천하고는 (혹은 그것을 주위에 강요하고는) 그럼에도 그럴싸한 성과도 내지 못하는 인물, 환경, 사회 쪽이 훨씬 죄가 크다. 왜냐하면 인간의 오성과 자유를 침범했기 때문이다.

누구나 의미를 추구하며 악착같이 행동한 (공부하고, 일하고, 저축하고, 가정을 꾸리고, 사회에 공헌한) 결과가 지금의 일본이다. 물론 일률적으로 판단하는 것은 위험하지만, 아무래도 지금의 일본은 불평불만으로 가득 차서 전혀 행복해 보이지 않는다. 조금 더 난폭하게 말하면, 이건 모두 의미 있는 것만 **반복한 탓**이다. 아니, 누구나 의미 있는

행동만 가치 있다고 **생각한 탓**이다. 무의미가 의미보다 소중하다고, 전쟁이 끝난 직후부터 배웠으면 좋았으리라. 연합군은 일본에 민주주의를 전해줬지만, 추상표현주의는 넘겨주지 않았다. 잭슨 폴록Jackson Pollock은 태어나지 않았고, 바넷 뉴먼Barnett Newman, 마크 로스코Mark Rothko, 모리스 루이스Morris Louis도 떠오르지 않았다. 그 시절에는 무의미의 표상이 얼마나 아름다운지, 영혼을 걸고 구현하는 사람이 아직 존재하지 않았다. 시간이 흐르고 겨우 개그맨이자 진행자인 아카시야 산마明石家さんま가 "바보가 아니에요, '파' 예요アホちゃいまんねんパーでんねん"라고 TV에서 말한 덕분에, 사람들이 무의미가 향기롭다는 사실을 깨닫게 되었다. 하지만 하나뿐인 무의미의 불씨도 90년대에 마쓰모토 히토시松本人志가 꺼 버렸다(아카시야 산마는 개그를 개그 그 자체로 선보였지만, 마쓰모토 히토시는 개그에 의미를 부여하려 애썼다—옮긴이). 21세기가 된 이후, 무의미는 일본에서 완전히 기운을 잃었고, 누구나 효율을 추구하고 숫자에 쫓기며, 장난치는 말 한마디에 눈초리를 세우고, 의미의 노예들만 꿈틀거리는 나라가 되었다. 예전에 한순간만이라도 가

볍게 무의미를 느끼며 편히 쉬는 시대가 있었다면, 분명 다른 나라가 되었으리라. 무의미를 통해 마음의 여유가 생기고 엉뚱한 발상이라도 자유롭게 허용했다면, 우리 세대에서 GAFA(구글, 애플, 페이스북, 아마존)를 능가하는 다양한 아이디어가 나왔을지도 모른다.

무의미는 새로운 의미가 나올 수 있는, 유연한 사회에서 만나기 쉽다. 사람들이 '이건 어떤 의미가 있을까?'라고 궁금해하는 순간, 달리 말하면 무의미와의 조우가 새로운 의미가 만들어지는 계기가 되기 때문이다. 일본의 '쓸모 있는' 연구만 의미 있다는 사고방식이, 고등교육 기관의 연구를 얼마나 저해해 왔을까. 연구자들이 "의미가 있는지 어떤지 몰라. 내가 하고 싶으니까 연구할 뿐이야. 썩 꺼져!"라고 '도움이 안 되는 무의미한' 연구에만 전념했다면…… 일본 사회는 지금보다 더 진보했을까.

◆

　……라고 잘난 척했지만, 나처럼 왜소한 개인이 딱히 바꿀 수 있는 건 없다. 다만 무의미의 효과를 어린 시절부터 자각했기에 스트레스와 무관한 생활을 보내고 있다. 나는 의미 있다고 여겨지는 것만이 존중되는 행위에 쉽사리 신경을 꺼버린다. 내가 다니는 회사에서 정기적으로 평가 면담이 행해지는데, 그때마다 사원들은 자기 평가나 분석에 꽤 많은 시간을 할애하여 파일을 완성하려 애쓴다. 그러나 나는 전부 최저 평가인 E를 선택한다. 나는 무능하다, 그건 내 책임이다. 다만 무능한 내가 회사에 다닌다는 사실은, 회사에도 책임이 있다. 내 노동의 가치를 진지하게 생각해보면, 나는 얼토당토않은 무의미한 기획안 작성에 몰두한다. 실현되기 어렵거나 터무니없는 아이디어를 짜내는 일에 근무 시간의 절반을 쓰는 것이다. 남은 절반은 (잘리지 않을 정도로) 열심히 (하지만 큰 성과는 내지 않게끔) 일한다. 이렇게 출세와는 무관한 월급쟁이로 어렵고 힘든 의미에 얽매이지 않은 채 무의미와 장난치면서 살아간다.

무의미를 권하는 것은, 밀려오는 의미와의 투쟁이라고 말할 수 있다. 그리고 의미 있는 것을 해야 한다는 일종의 사회 규범에 대한 작은 저항이기도 하다. 무의미와 만나기 위한 구체적인 방법론을 전개할 예정이지만, 그 전에 무의미와 진지하게 마주하기 위한 첫걸음으로 의미에 대한 반역을 강하게 주장한다(그러나 사회나 가족이나 친구에게 과도하게 폐를 끼쳐서는 안 된다. 그것은 그것대로 다른 의미가 발생한다. 이 세상에 존재한다는 사실 그 자체로부터 거리를 두는 것은, 내가 생각하는 이상적인 무의미와는 맞닿아 있지 않다. 무턱대고 적을 만드는 행위는 반역이 아니다).

먼저 급한 일에서 손을 떼고 쉬어 보자. 동료에게 뒤처질 거라고? 상관없다. 쉬는 만큼 동료가 더 많이 일해 준다고 생각하고 오히려 감사하는 마음을 갖자. 좋은 대학에 갈 수 없게 된다고? 괜찮다. 어떤 대학을 나오는지는 인생에 큰 영향을 끼치지 않는다. 대학에서 어떻게 배우는지는 중요할 수도 있지만, 대학은 어디여도 좋다. 성장하고 싶어서 쉴 여유가 없다고? 아니, 그렇지 않다. 주어진 의미 안에서만 취사선택할 뿐인 변화는 진정한 성장이라고 할 수 없다. 그러니까 쉬자. 휴식을 통해 의미에 지친 당신의 감각들이 회복될 것이다. 여유를 되찾은 당신의 오감五感은 곧바로 멋진 무의미를 발견하여 선사해 줄 것이다.

예를 들어 당신이 지금까지 조금도 의지하지 않았던, 처음 몇 페이지만 적고 내팽개친 일기장을 생각해 보자. 남은 페이지의 공백이라는 무의미가 일상을 더욱더 사랑하라고 채찍질할 것이다. 그리고 당신이 매일 서둘러 지나쳤던 큰길에서 조금 벗어난 곳에 있는 고색창연한 부티크에 장식된, 도저히 당신이 의미를 찾을 수 없었던 소품을 떠올려 보자. 딱히 지갑을 꺼낼 필요는 없다. 바라보는 것만으로도 충분하다. 그것을 가진 자신을 상상하는 것만으로도 조금 즐거워진다.

◆

　무의미는 일상에 잔뜩 있다. 하루하루 바쁘게 지내는 탓에 무시하고 있었지만, 조금만 용기를 내서 걸음을 멈추고 바라보는 것만으로 가만히 얼굴을 내민다.

　무의미를 마주하려면 용기가 필요하다. 그럴 만한 여유가 없다고 말하고 싶을지도 모른다. 하지만 무의미는 의미만 쫓는 생활에서 결코 얻을 수 없었던 안식을 준다. 의미와 결별하지 않아도 괜찮다. "오늘은 미안해"라고 살짝 저항하는 것만으로도 당신의 마음이 가벼워진다.

무의미의 아름다움

무의미는 아름답다.

무의미는 손익을 따지지 않으니까.

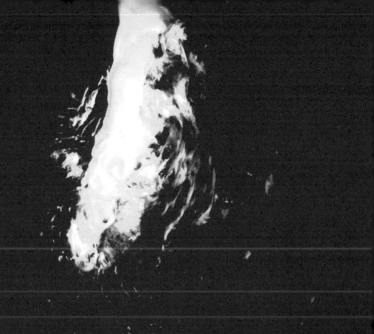

깜깜한 욕실에서 미지근한 욕조 안에 잠긴다.
그리고 형광봉을 마음껏 휘두른다.
이것은 그 과정을 촬영한 사진.

무의미는 대가를 요구하지 않는다.

무의미는 언제나 욕구가 없다.

무의미는 웃음과 눈물을 껴안아 준다.

무의미의 품 안에는 아무것도 없으니까.

아무 말도
하지 않는 책은
무척이나 상냥해.

무의미는 해석에 오염되지 않는다.

따라서 무의미는 결코 기호記號가 되지 않는다.

◆

　무의미는 아름답다. 의미를 강요하지 않으며, 이렇게 읽어, 이렇게 생각해, 이렇게 느껴, 이렇게 움직여, 여기로 가야 해, 이쪽으로 오지 마, 그건 하지 마, 이건 안 돼······ 이처럼 시끄럽게 사고와 행동을 통제하지 않는다. 마음대로 하라고 말하는 것처럼 그저 그곳에 있을 뿐이다. 오직 해석을 따지는 나만이 무의미와 상대할 권리가 있다. 하지만 무의미는 그 해석에 불평하지 않는다. 그래서는 안 된다거나 틀렸다고 말하지 않는다. 가만히 허공을 바라보는 것처럼, 그곳에 멈춰 선 채로 나와 당신이나 다른 누군가로부터 이해받을 날만 기다린다. 아니, 기다리지 않을지도 모른다. 왜냐하면 의미 따위는 없으니까. 그곳에 있다고 여겨지는 무의미의 존재조차, 내가 그렇게 생각하고 있을 뿐이며, 무의미의 관점에서 생각해 보면 존재한다는 의식조차 없을지도 모른다. 그야말로 자유다.

부러울 따름이다. 순종적인 의미에서 우리는 좀처럼 그렇게 살 수 없다. 어쩌면 무의미의 아름다움은 나의 (유치한) 질투에서 생겨난 것일지도 모른다. 다만 질투 또한 무의미 앞에서는 의미를 지니지 못한다. 어차피 무의미는 의미를 지니려고 하지 않으니까, 당연히 질투의 정념을 들이민다고 한들 꿈쩍도 하지 않는다. 그렇다고 무의미를 태연자약하다고 표현하기도 애매한데, 어떤 충동에도 반응하지 않을 정도로 풍부한 경험이 있는 것도 아니기 때문이다. 아마 아무것도 없다고 해야 하리라. 무의미는 등에 짊어진 짐이 없기에 누군가를 헤아릴 필요도 없고, 무언가를 참작할 필요도 없다.

무의미의 아름다움을 만끽하고 싶다면 우선 무의미가 가진 아무것도 없는 상태를 순순히 부러워해야 한다. '이건 무슨 의미일까?'라는 생각도 하지 말고, 자신과의 관계성조차 떠올리지 말고, 그저 단순히 의미가 없는 것으로 받아들인다.

물론 '이건 의미 없어'라고 기를 써도 안 된다. 그러한 태도는 자신과의 관계성을 통해 상대를 정의하려는 사고방식과 통하는 부분이 있다. 자신과 어떤 관계가 있는지 생각해 보고, 해석이 안 되면 무의미하다는 식으로 쉽게 판단을 내려 버린다. 하지만 이것은 난폭하고 성급한 결론이다. 왜냐하면 무의미의 관점에서는 이쪽의 일 따위는 안중에도 없기 때문이다.

무의미의 아름다움은 혈안이 되어 찾을 만한 게 아니다. 무언가를 바라거나 구하다 보면, 무의미는 자연스럽게 당신에게 희망이나 욕망의 대상으로서 의미를 지니게 된다. 하지만 의미 쪽에서 본다면 그런 것 따위는 아무래도 상관없다.

어떤 것과 불현듯 만났을 때 무의미의 꽃이 피어난다. 바라면 안 된다. 구해서는 안 된다. 찾는 것도 안 된다. 일상에 굴러다니는 의미들의 틈새에 우연히 떨어져 있는 것이 무의미이기 때문이다.

◆

　다만 우연만큼 증오스러운 것도 없으며, 통제하지 못한다는 점에서 우연이라는 개념이야말로 일상에서—분명한 변화를 불러오기 때문에, 손익을 계산할 수 없는 상황을 꺼리는 우리에게—무의미한 존재의 대표일지도 모른다. 무턱대고 증오만 해서는 결코 앞으로 나아갈 수 없기에 조금 건설적인 의견을 쥐어짜 보면, 우연은 아마도 관찰과 연관이 있다. 정확히 말하자면, 세상을 관찰하는 방법을 갈고닦을수록 무의미와 만나기 쉬워질 것이다. 무엇이 필요한지 알아 보자.

　레슨 1. 보이는 것부터 생각하지 않도록 노력하자.
　목을 빙글빙글 돌리고, 어깨의 힘을 빼고, 조금 깊게 호흡하고 천천히 책상 위를 둘러본다. 당신의 책상이든 동료나 동급생의 책상이든 상관없다. 그곳에는 당신이나 타인의 세계가 크기나 브랜드와 상관없이 펼쳐져 있을 것이다. 거기에 어떤 의미가 있는지 이해하려고 노력할수록, 책상 위는 의미로 넘쳐흐를 것이다. 하지만 일부러 다른 것을 생각해 보자. 예를 들어 저녁밥을 떠올리면, 책상 위의 공간이 자신에게서 서서히 멀어져 가는 감각에 사로잡히게 된다(그런 감각을 느끼지 못하는 독자라면 더더욱 다른 것을 생각해 보자. 미국의 녹화정책에 대해서라거나). 그러면 지금까지 놓치고 있던 무의미가 가만히 얼굴을 내민다. 혹은 언제 어디서 누구에게 받았는지 기억나지 않는 명함의, 아무것도 적히지 않은 뒷면에서 빛바랜 얼룩을 보게 될지도 모른다. 그것은 틀림없이 무의미라는 작은 이야기의 서막이다.

레슨 2. 부분을 보자.

우리는 대부분 여러 개로 겹쳐 있는 의미와 마주한다. 예를 들어 자동차는 타이어, 차체, 번호판, 운전사, 면허증,

크기, 색, 형태, 목적(가족 여행을 위한 것인지, 짐을 대량으로 옮기기 위한 것인지, 달리는 것 자체를 즐기기 위한 것인지 등)과 같은 의미의 총합으로서 그곳에 존재한다. 하지만 그러한 의미들을 고려하지 않고, 한 부분만 주목해서 바라보자. 자동차 전면의 라디에이터 그릴의 격자무늬가 햇살 아래서 눈부시게 빛나고 있다. 그 모습이 무척이나 아름다워서, 라디에이터에 외부 공기가 들어가는 구멍이라고 이해하고 싶다는 기분은 들지 않는다(아마 그럴 것이다). 그러면 의미에 대한 열망이 조금 가라앉는다, 당신이 그 차의 주인이거나 운전사라면 이야기가 달라지지만, 그렇지 않다면 부분을 주목하면 의미의 연쇄를 끊어버릴 수 있다. 그것에 익숙해지면 자동차뿐만 아니라, 많은 것들이 무의미한 덩어리라고 인식되기 시작한다.

◆

더 할 말이 많지만, 천천히 나아가자.
레슨 3. 느긋하게 생각하자.

초조함은 실패를 부르는 법이다. 무의미를 이해하려고 서두를수록 오히려 무의미로부터 멀어지게 된다. 왜냐하면 무의미에는 정답이 없기 때문이다. 그러므로 무의미를 대할 때 정답을 찾으려고 하면, 무의미의 의미가 사라져 버린다.

무의미를 생각하다

"의미 없어"라고 불만을 터뜨리면

결코 무의미에 이르지 못한다.

허무와 무의미는 다르다.

의미가 없는 것이 있다.

그것이 무의미다.

아무것도 없는 것이 아니다.

무의미는 해석을 덧씌우면서 엉망이 되지만,

고요한 상태로 있으면 무의미를 망치지 않는다.

우선 목적을 버리자.

그러면 무의미가 우리한테 가까이 다가온다.

이렇게 하고 싶다거나,
이랬으면 좋겠다거나……
기대가 크니까 의미에
지쳐 버리지.

◆

　무의미와 니힐리즘(허무주의)의 차이는 단순하게 말하면 상대를 어느 정도 존중하는지의 차이라고 할 수 있다. 그리고 존중의 정도는 틀림없이 니힐리즘 쪽이 더 크다. 니힐리즘은 니체가 말하는 적극적인 것이든, 그렇지 않은 것이든 일단 대상을 마주한다. 즉 대상의 존재를 그 시점에서는 부정하지 않는다. 그다음에 '그런 건 무의미하다'라거나, '가치가 없다'라거나, '더는 아무것도 믿지 않는다'라거나, '절망했다'라는 식의 니힐리즘다운 태도를 보인다. 그러한 흐름에는 대상이 거기에 있다는 사실을 명백히 긍정하고, 그 대상을 제대로 자신과 관련이 있는 것으로 파악하고 자신의 해석을 대상에게 전하는, 즉 대상을 인정하는 태도가 존재한다. 그렇기에 니힐리스트는 생각보다 상냥하다. 왜냐하면 대상을, 자신 이외의 타인을 제대로 보고 있기 때문이다. 혼자만의 껍질에 갇힌 인간은 결코 니힐리스트가 아니다. 올바른 니힐리스트가 되는 것은 꽤 어려운 일이다. 사회에 적극적으로 참여해서 친절하든 그렇지 않든 타인과 상당한 수준으로 교류해야 하고, 그다음에 '인간의 부조리'를 한탄하거나, '타인과의 관계'에 지치거나, '이성의 한계'에 질리거나, '사회 규범으로서의 도덕'을 깔보거나 하는 것이다. 나는 일본문학 사상 최고의 니힐리스트는 소설 『대보살 고개大菩薩峠』의 주인공 쓰쿠에 류노스케机竜之助라고 생각한다. 하지만 그는 주저하지 않고 사람을 베어버리는 캐릭터인 탓에 수많은 타인이 있어야만 성립할 수 있다. 그의 사상은 유도의 덕목 중 하나인 서로 신뢰하고 도우면 함께 번성할 수 있다는 자타공영自他共榮에 완전히 반대되는 자타공멸自他共滅이라고 부를 수도 있겠다. 여하간 상대가 없으면 니힐리즘은 성립하지 않는다.

하지만 무의미는 단독으로 존재할 수 있다. 허무가 우리의 능동적인 행위와 그로 인한 의식을 자각하면서 나타나는 것에 비해, 무의미는 우리의 행동이나 사고에 좌우되지 않고 담담히 존재하고 있을 뿐이다. 아니, 우리와 관계없이 존재하기에 무의미인 것이다.

무의미를 생각할 때 가장 중요한 자세는 해석을 강요하지 않는 것이다. 무언가를 보고 '이건 뭘까?'라고 생각하는 것까지는 괜찮다. 왜냐하면 단순한 의문까지 제한하면 일상에서 큰 위험에 빠질 수도 있기 때문이다(피부 위에 생긴 검은 점을 발견하고도 아무런 의문도 가지지 않으면 어떻게 될까? 암이 진행되는 것을 놓치거나, 독충에게 물리고도 제때 치료하지 못하거나, 잉크병에서 흘러나온 잉크로 원고지가 엉망이 될지도 모른다). 다만 의문 이상의 의미를 부여하여 '혹시 그거 아닐까?' '이건 분명 그거야'처럼 지식이나 경험에서 도출되는 의미를 강요하면, 무의미는 순식간에 사라지거나 도망쳐 버린다.

◆

조급해하지 않으면 무의미와 틀림없이 만날 수 있다. 그도 그럴 것이 지금 이러고 있는 순간에도(당신이 이 책을 읽고 있는 이 시간에도), 암스테르담에 사는 Aldegonda van Musschenbroek 양(여성, 5세)은 간식으로 건네받은 비

취색 사탕을 창가에서 마당으로 던져 버리고 있을지도 모른다. 작은 보석이 그리는 궤적은—그 행위가 그녀에게 어떤 의미를 지니는지는 제쳐 두고—현시점에서 당신이나 내게는 무의미하다. 물론 의미를 찾으려고 한다면 하지 못할 것도 없다. 그건 그녀의 분노일지도 모른다. 아직 어린 그녀가 불현듯 느낀 불안의 상징일지도 모른다. 혹은 마당에 내려앉은 작은 새에게 자비를 베푸는, 어린아이 나름의 친절함일지도 모른다. 또는 그녀의 공상을 방해하는 부드러운 바람에 대한 의사 표현일지도 모른다. 그리고 어느 쪽이든 그러한 행위는 다행히도 그녀와 우리 모두에게 무의미하다.

　무의미라는 가련한 꽃은 어디에든 피어 있다. 그 꽃들을 의미라는 군화로 짓밟아서는 안 된다. 가만히 살펴보는 정도가 딱 좋다. 의미에 지친 마음을 치유해 주는 것이 무의미다. 일부러 의미를 만들어 줄수록 무의미는 점점 생기를 잃고 피폐해진다.

◆

무의미를 생각하는 가장 따뜻하고 부드러운 방법은 서두르지 않는 것이다. 서두르는 것은, 목적을 이루기 위해 시간 낭비를 최소화하려는 태도에서 나온다. 서두름을 나무라는 것은 아니지만, 그러한 과정에서 우리는 많은 무의미를 놓치게 된다. 분명 무의미가 있었음에도, 목적이라는 의미에 도달하기 위해 바쁘게 움직이다 보면, 무의미는 꽃 피우지 못하고 그대로 시들어 버린다.

목적만을 추구하는 삶의 방식은, 의미로부터 더욱 벗어날 수 없게 만든다. 당신이 효율적으로 살고 싶다고 생각한 순간, 무의미는 당신 앞에서 모습을 감춘다. 미소를 잃은 무의미는 바쁘게 움직이는 당신의 옆모습만 가만히 바라볼 뿐이다.

생각하기 나름이겠지만, 효율성을 추구하는 삶의 방식 자체가 (미래의 누군가에게) 무의미의 구체적인 모습으로서 정의될 수도 있다. 밥을 먹고, 변을 보고, 잠을 자고, 일해서 돈을 번다. 그 돈으로 밥, 변, 잠을 반복한다. 생태학적으로 생각하면 (자세한 건 잘 모르지만) 자손을 남긴다는 역할이 추가된다면 아직 의미가 있을지도 모른다. 그렇지 않다면 자본주의 사회에서 소비의 분자밖에 되지 않는 삶의 방식에 어느 정도 의미가 있을까? 사회 전체의 효율을 생각하면…… 아니, 그만두자.

◆

그렇기에 나는 무의미를 소중히 여긴다. 효율성을 추구하는 삶의 방식과 의미에 휘둘리는 인생을 둘 다 부정하는 것이다. 불현듯 만나는 무의미가 잿빛 삶 속에 한 줄기 빛이 되어 준다. 그러면 흐릿한 삶이 조금이나마 선명해지고 밝아진다. "뭐, 살든 죽든 어찌 됐든 상관없다는 생각으로 살아왔지만, 이 무의미를 만났으니 **조금은 의미가 있었구**

나"라고. 요컨대 나는 무미건조한 나날을 무의미로 적시고
있다.

　(이 자세의 옳고 그름은 둘째 치고) 그러기 위해서는 무
의미와 만나는 방법을 단련할 필요가 있다. 우리 바로 옆에
있는 무의미와 어떻게 하면 만날 수 있을까.

무의미를 보다

다음 페이지에는 지금 아무것도 없다.
종이인 것 이상의 의미를 지니지 않는,
(거의) 무의미한 공간이다. 하지만
의미는 대부분 무의미에서 탄생한다.

한 줄의 선을 긋는다.

서투른 선이 생겨나는 이유는

그 공간에 의미가 없었기 때문이다.

혹은 이렇게 말할 수도 있겠다.

무의미는 의미가 생겨나는 것을

너그러이 받아들인다고.

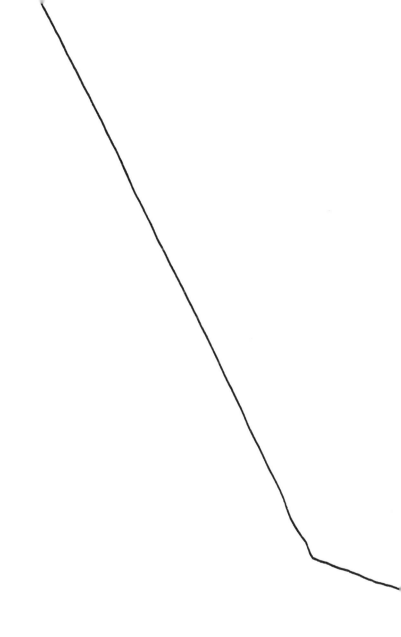

무의미는 의미가 없기에

우리를 자유롭게 한다.

그리고 자유를 자각했을 때,

처음으로 이야기가 생겨난다.

무의미는 자유를 가져다주는 동시에
우리에게 헌신하는 의미를 파괴하기도 한다.
무의미를 본다는 것은 위험을
동반한다는 사실도 잊어서는 안 된다.

◆

노자와 장자의 사상에서 가르치는 것처럼 유有는 무無에서 태어난다. 앞에서 펜을 들고 달리던 캐릭터가 부딪힌 컵을 떠올려 보자. 컵이 컵으로서 의미가 있으려면 구조상 내부에 아무것도 없어야 한다. 그러한 무가 없으면 액체라는 유를 따를 수 없다. 액체라는 유가 없으면 컵은 음료를 마시기 위한 도구로서 의미를 갖추지 못하게 된다.

세상에서 일어나는 모든 일도 이와 비슷하다. 예를 들어 직육면체로 된 거대한 집이 있다고 치자. 만약 내부가 무가 아니라면 그것은 집이 될 수 없다. 공간으로서의 무가 확실히 효력을 발휘하는 덕분에 집이 기능을 다 하는 것이다. 집에 있는 창문과 문도 마찬가지다. 거대한 상자에 무를 찔러 넣었기에 창문은 창문으로서, 문은 문으로서 의미를 얻는다. 우리는 보통 이러한 것들을 전부 포함한 후에야 집이라는 의미를 해석한다.

한편 우리는 항상 결과에만 집중하다 보니, 본래는 그곳에 있어야 할 무를 때때로 놓치고 만다. 아무것도 없기에 의미가 생겨날 수 있다는 관점을, 일상에서는 좀처럼 가지기 힘들다. 방대한 정보라는 의미에 둘러싸여 해석에 시간과 정신, 체력과 금전을 소모하느라 바쁜 나머지, 원점에 있는 무의미를 자각할 여유조차 가지기 어렵기 때문이다.

의미에 휘둘리는 삶을 긍정한다면 그것도 좋다. 의미 있는 것을 사랑하고 그것을 손에 넣으려는 태도는, 삶을 살아가는 인간의 근본적인 행동 규범이다. 나도 그것을 부정하지 않으며, 나 또한 의미를 위해 일하고, 의미를 생각하며 사는 것을 반복하고 있다.

하지만 현대 사회에서 의미 있는 것만을 추구하는 삶이 마음에 긍정적인 영향만 미치는 것은 아니다. 금전에 대한 욕망은 빈곤에 대한 공포를 가르치고, 소유에 대한 욕구는 상실에 대한 두려움을 낳고, 안정에 대한 동경은 파멸에 대한 불안을 드러낸다. 의미를 찾는 심리가 초조함을 부르고, 의미를 얻게 되면 이번에는 그것이 망가질지도 모르는 불확실한 미래를 겁낸다. 의미에 대한 집착이 마음의 자유를 빼앗고 우리를 괴롭히는 것이다.

처음부터 의미를 지니지 않으면 괜찮을지도 모른다. 의미가 있는 상태에 사고가 종속되어 있어서 지치는 것이다. 그렇다면 의미를 버리자. 의미로부터 자유로워지자. 그렇게 생각하고 나는 걸음을 멈춘다.

◆

그러나 의미를 완전히 포기하는 것은 현실적이지 않다. 세상에 태어난 이상 자기 밥벌이는 스스로 해결하라는 말이 있다. 따라서 노동으로 생계를 꾸릴 필요성이 생긴다. 그리고 가족한테 무슨 일이 생기면 못 본 체할 수도 없다.

과도한 의미성에 질리더라도 정보나 물질이 필요한 순간이 있다. 이처럼 어떤 방법으로도 의미를 피할 수 없고, 의미와 어울릴 수밖에 없는 상황이 존재한다.

더 넓은 관점에서 생각해 보면, 나는 인간이라는 의미성을—그것이 어떤 의미인지 본질적으로 이해하지는 못하지만—버릴 수는 없다. 나는 짐승이 아니다(그렇게 생각한다). 주변에서 인간으로 취급하며, 스스로 자각하든 말든 분명 나는 인간이리라. 그렇다고 치면 인간으로서의 의미를 버리는 것까지는 불가능하다.

이런 기괴한 문장을 잘도 쓰고 있지만, 이것을 허락받은 것도 내가 인간이기 때문이다. 인간을 그만두면 더는 쓸 수 없고, 쓰지도 않을 것이다. 틀림없다. 의미에 피폐해진 나의 인격은 역시 의미의 덩어리에 불과하다. 아무리 무의미에 끌려서 발버둥 치더라도 나로서는 온전한 무의미가 될 수 없다.

그렇다면 어떻게 해야 할까. 나는 이렇게 생각한다. 의미를 실현하는 나를 지키기 위해, 혹은 보다 건전하게 (느긋하게, 온화하게, 정성스럽게) 의미들과 마주하기 위해 인생에서 무의미를 발견하고 싶다고. 과도한 노동에 마음이 마모되기 전에, 무의미를 접하고, 무의미를 사랑하고, 무의미의 아름다움을 통해 마음을 지키고 싶다고.

이렇게 쓰면 다음과 같은 의견이 등장하리라. "무의미가 의미의 해로움으로부터 마음을 지키는 것이라면, 그건 이미 무의미가 아니잖아?" 그렇다. 나는 무의미를 무의미인 채 끝내지 않고, 의미가 있는 것으로 승화시키고 싶은 것일지도 모른다.

다만 내가 명확히 말하고자 하는 것은, 현시점에서 내가 놓쳐 왔고, 의미에 쫓기고 있는 사이에 언제나 나와 관계없다고 상대하지 않은 무의미였던 것들이다. 무의미라고 생각하고 무시해 왔던 컵에, 새로운 가치를 붓고 싶어서 나는 손을 움직이고 있다.

—가령 컵에서 의미가 흘러넘친다고 해도.

무의미를
읽다

틀림없는 시계지만,

시간을 확인할 수 없다.

이것은 **무의미한 시계?**

이 무의미한 시계가

시간이라는 의미에서 나를 해방한다.

도스토옙스키의 『죽음의 집의 기록』이 가르쳐 준
내용을 기억한다. 궁극의 고문은 무의미의 실현에 있다.
구체적으로는 우선 구멍을 파서……

……그리고 구멍을 다시 메운다.

그 작업을 반복하면 사람은 쉽게 미쳐 버린다고 한다.

그래, 분명 괴로울 것 같기는 한데……

해 보지 않으면 모를 것 같다.

◆

　언어로서의 무의미는 작가 겸 편집자로 살아가는 처지에서 피해야 할 주제일지도 모른다. 아무리 내가 후안무치한 구석이 있더라도, 작가로서 편집자에게 "저기 이 페이지는 무의미한데요. 하지만 가볍게 디저트를 먹는 느낌으로 가면 괜찮을지도 모르겠어요"라고 말할 수는 없다. 또한 편집자로서 "흠, 이 페이지는 무의미하네요. 아무리 그래도 이런 수준으로는 돈을 내고 읽어 주는 독자에게 면이 서지 않아요. 그래도 뭐, 괜찮으려나. 마감도 코앞이니까"라고 말할 수도 없다. 내가 삼류 편집자이긴 해도 그렇게까지 무책임하게 일하지는 않는다. 그렇지만 유혹에 사로잡힐 때가 있다. '책에 무의미가 있더라도 괜찮지 않을까?' '의미만 늘어놓더라도 흔해 빠진 책이 되겠지. 그것보다는 무의미가 잔뜩 실려 있는 편이 더 흥미롭지 않을까?' '무의미한 문장을 줄줄 나열하면 의외로 기분 좋을지도 몰라' 이렇게 생각하기도 한다.

⋯⋯잘 생각해 보면 지금이 최고의 (그리고 최후의) 기회다. 이건 무의미를 말하기 위한 책이니까, 무의미의 실천 사례로 무의미한 말을 줄줄 늘어놓더라도 죄가 아니리라. 무의미를 서푼짜리 사상이자 좋은 모범으로 제시해야 할 때일지도 모른다.

◆

그럭저럭 혼잡한 모습을 보이는 저녁, 도심 밖으로 향하는 전철 안에서 덩치 큰 남자가 심각한 표정으로 "에이씨"라고 소리치며 걷다가 팔이 내 어깨와 부딪혔다.

"축제는 내일이야. 잘 됐어."

내가 그렇게 중얼거리며 미소를 보이자, 그는 가만히 얼굴을 펴고 침묵했다. 나쁜 짓을 해 버렸다.

퍼덴틱pedantic이라는 단어의 의미를 학생들에게 가르치려고 했더니 목소리가 나오지 않는다. 잠깐 멈춰서 생각한 후에 겨우 이렇게 말했다.

"나 아니면 너희, 어느 쪽인가를 가리키는 말이야."

어떻게든 쥐어짜 냈는데 학생들은 봄바람에 펄럭이는 커튼을 누르느라 바빴다. 지식을 자랑하는 선생의 패배가 명확했고, 나머지는 무슨 말을 했는지조차 기억하지 못한다.

배짱 따위는 없다. 전혀 없으니까, 오히려 입만 살아서 움직인다. 날카로운 말투로 침을 튀기며 무엇을 부르짖는가 했더니 "저는 책이 좋습니다"라니. 말의 파도에 잡아먹혔다면 그것이야말로 가라앉아 두 번 다시 떠오를 수 없을 것 같은, 문화 수호자인 척 행동하는 자의 보신에 가까운 변명이다.

신기하게도 세상에는 쓰레기를 모으는 일을 경멸하는 경향도 있는데, 그것은 어리석은 생각이다. 쓰레기를 모으는 일보다 신에게 가까워지는 일도 없다. 나는 용서한다.

시장을, 사회를, 차가운 이상을, 건조한 소비를 넉넉한 자비로 용서한다. 쓰레기는 그저 초연하게 쓰레기로서 존재하는 것이 아니라, 무언가의 도움이 된 순간 쓰레기로서 다시 태어난다. 어머니로서 쓰레기의 탄생에 입회하고, 아버지로서 쓰레기의 멸망을 바라보는 것이 내 직무다. 지옥의 문을 여는 것도 나요, 심판의 종을 울리는 것도 나다. 전지전능한 나는 매일 아침 구시가지의 메마른 단지 틈을 누비며 쓰레기를 모은다.

행간에 / 헤엄치는 시선의 / 눈물의 골짜기 / 문자에 죄 없으며 / 언어에 의가 있다

◆

벌써 질려 버렸다. 보는 바와 같이 무의미를 의도해서 만들려고 하면 이렇게나 힘들고, 대개는 흥미로운 결과물이 나오지 않는다. 독자 여러분에게는 볼썽사나운 모습을

보여서 정말로 죄송하다. 나의 잡문에 유일하게 역할을 부여한다면, '무의미는 작위를 싫어한다'라는 성질을 단적으로 소개했다는 점일까.

　일부러 만드는 무의미는 어딘가 따분하다. "이건 무의미해요"라고 말하듯, 순백의 직육면체가 있다고 치자. 하지만 그 직육면체는 어떻게 하더라도 자신의 존재를 소리 높여 주장한다. 크기가 작다면 검은색 동그라미가 없는 흰색 주사위처럼 생각하게 되고, 크기가 크다면 도널드 저드Donald Judd를 흉내 낸 어설픈 작품이 되어 버린다. 어느 쪽이든 만드는 사람의 명백한 의도가 느껴진다.

　물론 나의 실패만을 열거해서 '무의미의 언어화는 이토록 어려움을 수반한다'라고 결론지을 생각은 없다. 이러한 방식은 너무 거칠고 난폭하다. 여기서 주장하고 싶은 것은 '무의미를 읽을' 때의 주의점, 혹은 '언어로서의 무의미'와 마주할 때 가져야 할 각오에 대해서다.

　우리는 언어가 가진 의미를 의심해야 한다. 언어가 빚어내는 의미를 그대로 믿어서는 안 된다. 언어의 의미를 무작정 부정할 필요는 없지만, 언어를 모조리 씹어 삼켰어도 결코 이해했다고 생각해서는 안 된다. 언어의 의미는 더 깊숙이 숨겨져 있다. 아니, 의미가 박혀 있다고 말할 수 있겠다. 그러니까 표면만 훑어보고 전부 읽었다고 착각하면 안 된다.

　무의미를 읽는 행위는, 언어의 깊은 곳에서 조용히 우리와 마주할 날을 기다리고 있는 의미와의 만남을 도와준다. 나는 표면에 있는 의미에 휩싸이지 않으려고 무의미의 언어를 찾는다. 그것을 하루아침에 찾을 수는 없다. 하지만 무의미를 읽을 수 있다면, 언어의 깊은 곳에 박혀 있는 의미에 한 걸음 더 다가서게 된다.

바늘을 잃은 시계를 보고, 나는 겨우 시간이라는 개념이 지니는 의미, 그 주제의 입구에 발을 들여놓을 수 있었다. 하지만 아직 부족하다. 무의미를 계속해서 읽어야만 한다. 무의미의 기호를 풀어내는 태도를 유지해야만 한다. 시간을 잊을 정도로 열심히.

무의미를 접하다

회사에 출근하다가 발꿈치를 한 번 빙그르르 돌려 보자.

180도 회전해서 그대로 가면 집으로 되돌아가니까,

조금 걸은 후에 다시 회전해서 재차 회사로 향한다.

아마도 출근길의 (나에게) 무의미한 춤.

육체가 무의미를 실천하는 순간,

몸을 휘감고 있던 의미의 진흙이

조용히 씻겨 내려간다.

무의미를 찾아도

어떻게 해야 할지 허둥대지 말자.

피에 찌든 손으로 만져서

묘한 의미를 빚어내지 않도록.

무의미는 연약하고 깨지기 쉽다.

더 말하자면, 쉽게 사라진다.

◆

무의미를 자각하고 맛보는 행위에 익숙해지면, 무의미에 중독될 수도 있다. 여기서 주의할 점은 다른 사람에게 피해를 주지 않는 것이다. 어떤 사람이 교차로 한복판에 서서 양손을 하늘로 높이 들어 올려 햇볕을 쬐면서 몇 초간 미동도 하지 않는다고 생각해 보자. 정말 무의미한 행동처럼 보이고 충분히 무의미를 만끽할 수도 있겠지만, 위험한 행동이다. 공적인 공간에서 주변을 충분히 신경 쓰면서 무의미를 창조해야 한다. 무의미와 노는 것은 자기 자신만을 위한 행동이다. 그러나 다른 사람에게 위해를 가하거나 제삼자의 일상에 폐를 끼치게 되면, 무의미의 실현은 사회적으로는 무의미하지 않게 된다.

잊어버리기 쉽지만, 우리의 육체는 상당한 수준으로 무의미를 실현하고 있다. 신경은 머리부터 발끝까지 존재하지만, 우리가 신경의 섬세한 반응을 일일이 해석할 필요는 없다. 아픔이나 충격에 둔감한 사람이라도 상관없다. 육체는 매 순간 수많은 정보를 얻고 있지만, 우리가 정보를 무의미화한다고 볼 수 있다. 내 관점에서 인간은 육체라는 필터로 필요한 의미만 추출하면서 살아가는 존재다. 파리가 내 어깨에서 잠시 쉬더라도 나는 파리를 감지하지 못한다. 파리의 무게를 무의미하다고 판단하여 깨닫지 못하는 것이다. 만약 파리의 존재를 깨닫게 되면 단번에 할 일이 늘어난다. 마감이 임박해서 집중하고 있는데 짜증을 내거나, 불결함을 느끼고 파리를 쫓아내기 위해 바쁘게 날뛰게 된다. 어깨에 앉은 파리를 육체가 무의미하다고 판단했지만, 달리 생각해 보면 파리가 좋아서 잠시 쉬고 싶어질 정도로 더럽거나, 씻지 않은 탓에 강렬한 체취를 내뿜고 있다거나, 비슷하게 생긴 동료라고 착각했거나…… 이런저런 정보를 전달해 주는 현상이다. 파리는 사실 무의미로 끝나서는 안 되는, 나를 구해 주는 의미의 사자使者로 볼 수 있지만, 내 육체는 파리를 때때로 무의미한 존재로 인식한다.

이처럼 어떠한 대상에 대하여, 육체의 의도하지 않은 무시를 주의해야만 무의미와 접할 수 있다. 바람이 불어와 내 뺨을 어루만지면, 육체는 분명히 반응한다. 하지만 사고와 이성이 그것을 인정하지 않는다. **무의미하다고 판단한 다음에 정리해 버리는 것도 아니다.** 무의미를 처음부터 무시했기 때문에 죄질이 더욱 무겁다. 내 우둔함으로 무의미와의 만남에서 상실의 아픔을 느꼈으며, 이것은 어떤 측면에서 참으로 무의미하다고 볼 수 있다. 하지만 이 경우 냉정하게 관찰하고 판단하는 것이야말로 무의미하다. 여기서 중요한 것은 야무지지 못한 육체 때문에 무의미가 사라져 버렸다는 사실이다. 과제는 정해져 있다. 무의미를 느끼기 위해 내 감각을 더 갈고 닦는 것이다. 감각이 목적의 포로가 되면 무뎌지기 마련이다. 매일 '할 일'이나 '넘치는 생각'에 정신없이 바쁘게 살다 보면, 발밑에 떨어진 무의미의 싹이나 허공을 표류하는 무의미의 향기에 더는 반응할 수 없게 된다.

서점이나 동인 행사에 갔을 때, 나는 목표에만 관심을 기울이지 않으려고 주의한다. 예를 들어 '원하는 책'만 의식하다 보면, 무의미한 책과의 만남을 놓칠 수밖에 없다. 원하는 책을 얻는다는 목적에만 집중하다 보니, 전혀 관심이 없었던 세계에서 위로받거나, 조금도 알지 못했고 알려고도 하지 않았던 영역에서 아이디어와 영감을 주는 풍부한 언어들과의 만남…… 이러한 다양한 가능성을 지나치는 것은 너무나 아까운 일이다. 책이라는 미디어에 한해서는 목적을 가지지 않는 편이 좋다. 그러는 편이 어떤 욕망을 가지고 책을 찾을 때보다 더 많은 즐거움과 배움을 얻을 수 있다.

◆

이 방법론은 인간관계에서도 유효하다. 상대에게 어떤 것도 바라지 않고, 요구하지 않는다. 하지만 우리는 타인과의 관계 속에서 어떤 목적을 이루는 데 방해가 되면 갑작스러운 만남도 취소해 버린다. 혹은 예상하지 못한 새로운 관계를 맺을 가능성도 쉽사리 짓밟아 버린다.

회의 중에 상사가 무리한 업무를 지시한다면, 회의실의 화이트보드에 지워지지 않은 얼룩을, 누군가가 퍼뜨렸을 언어의 잔재를 훑어보자. 그것은 당신에게 무의미하다. 초조함을 감추지 않고 입에 거품을 물고 떠드는 상사에게도 무의미한 문자들이다. 하지만 그 불안정한 언어가 당신을 조금이나마 구해 줄 것이다. 눈을 가늘게 뜨고 화이트보드를 보면서 단어의 퍼즐을 맞추려고 머리를 쥐어짜는 당신의 표정에서, 방금까지 '시끄럽네, 그런 거 할 수 있을 리 없잖아'라는 불평이나 '하아, 이번 주도 야근 확정인가'라는 불만, '이런 회사에 계속 다녀도 괜찮을까'라는 불안 등이 말끔히 사라질 것이다.

퇴근길, 전철에 가득 찬 승객들에게 지쳤다면, 머리 위에 줄줄이 늘어서 있는 손잡이에—우연히 아무도 잡지 않은 그것에—시선을 던져 보자. 그것은 당신에게 무의미한 표정을 짓는다. 예를 들어 오늘 그 손잡이를 잡은 사람은 누구일까? 어떤 사람들이었을까? 굳이 무의미한 과거에 초점을 맞추고 마음껏 상상해 본다. 무의미가 곧장 떠오른다. 그들의 평균 연봉이나 평균 나이, 혹은 여성과 남성 중 어느 쪽이 더 많이 잡았을까 등. '이 손잡이를 잡았던 사람은 나와 동년배의 남성 회사원으로, 치한 취급을 받을지도 모른다는 두려움 때문에 지하철을 탈 때는 반드시 양손으로 손잡이를 잡는다. 만에 하나라도 무고죄로 피해를 보지 않기 위해서다. 손잡이는 손에서 나온 기름 때문에 반짝반짝 빛난다. 이것은 과도한 압박과 싸우는 인간의 눈물이다. 애초에 그가 그런 마음을 먹게 된 것은……' 등으로 망상하는 것만으로 시간이 금방 지나간다. 보라, 엎치락뒤치락하는 승객들 사이에서 초조할 틈도 없이 목적지에 도착했다.

어떤 이미지를 상상하는 것은, 무의미를 접하기 위해 처음으로 시도해 볼 수 있는 방법이다. "그런 시시한 망상에 얼마나 의미가 있어"라고 의심할 수도 있지만, 그것이야말로 의미의 노예가 되어서 도망치지 못한다는 증거다. 우선 용기를 내서 당신에게 아무 지장도 주지 않는 주변에 있는 대상, 어제까지 당신의 육체가 완전히 무시하고 있던 대상을 바라보며, 다른 이미지를 떠올리는 연습을 해 보자.

아무 효과가 없고 보잘것없어도 괜찮다. 그러한 느낌이 당신이 무의미에 한 발 가까워진 증거나 다름없다. 무의미라는 불안정하며 신비로운 존재를 만난 덕분에, 당신은 생각할 것이다. '흠, 정말로 의미 없네'라고.

무의
미와
놀다

의미를 훔친다.

의미가 무너진다.

무의미가 당신에게 미소 짓는다.

* 인쇄 공정에서 만들어진 인쇄 견본을 가리키지만, 원래는 조판을 두기 위한 나무상자를 말한다. 여기서는 후자의 의미로 쓰이고 있다.

의미의 파괴는

어떤 쾌감을 가져다준다.

하지만 주변에 폐를 끼치지 않도록 주의하자.

무의미와 장난치려면

한 가지 소양만 필요하다.

초조해하지 말 것.

까마귀의 울음소리가 들린다.

만약 정적을 깨뜨렸다면,

당신을 위한 아무것도 아닌 순간.

즉 무의미가 있었다는 뜻이다.

앗……
지금은
무의미였구나.

◆

　무의미의 이야기를 떠올려 보자. 독자는 고려하지 않아도 좋다. 당신이 아닌 누군가가 당신의 이야기를 읽었을 때, 무엇을 찾을지는 당신이 알지 못하는 영역이며 책임을 느낄 필요도 없다. 대개 이야기는 독자(사용자)의 것이다. 바꿔 말하면 당신이 만든 이야기가 누군가의 손에 건네진(도달한) 찰나, 당신의 의도에서 벗어나(해방되어), 누군가의(나의) 의사에 오염된다. 그리고 그것은…… 행복한 체험이다(**팔리지 않는 것**에 비한다면!). 그러니까 무의미를 즐기자. 무의미의 세계에서 놀자. 무의미의 연쇄에 몸을 맡긴 채 흘러가자. 무의미의 이야기는 딱히 지속성을 강요하지 않는다. 이야기를 만드는 데 어려움을 느끼거나 질린다면 중간에 던져 버려도 된다. 무의미에 의미가 생길 것 같아지면 서둘러 끝내는 것도 하나의 방법이다.

　이러한 자세는 무의미와 놀 때도 중요하다. 무의미와의

만남은 당신의 굳어버린 뇌를 풀어주고, 당신을 속박하는 의미의 사슬을 끊어낸다. 만약 당신이 무의미와 놀고 있는 모습을, 다른 누군가가 발견하고 의미와 연관 짓더라도 신경 쓰지 마라. "그래? 너한텐 그렇게 보였어? 그럼, 그런 걸로 할게"라고 내팽개쳐 버려도 문제없다. 나는 이렇게 말하고 싶다. "당신의 무의미는 당신만의 것이다"라고. 당신이 무의미와 놀면서 미소 짓는 것을 보고, 누가 어떻게 생각하든지 신경 쓰지 않기를 바란다.

　하지만 현대인의 안타까운 점이랄까, 노는 것조차 타인의 시선을 신경 쓰는 사람이 많은 것 같다. 물론 주변에 대한 배려는 어느 정도 필요하다. 타인의 존재를 잊어버린 채 놀기만 하면 정말로 누군가에게 폐를 끼치게 될지도 모른다. 하지만 최소한의 규칙만 지킨다면 그러한 사고는 미리 막을 수 있다.

결국 무의미는 당신이 정의하는 것이다. 현대 사회를 살아가는 이상, 당신은 의미라는 구조에서 완전히 벗어날 수 없다. 따라서 무의미와 놀 때는 다른 누구도 아닌 당신 스스로 책임져야 한다.

◆

무의미의 이야기를 만드는 행위가 중요한 이유는, 우리의 상상력을 키워주기 때문이다. 만약 상상력이 없으면 더는 무의미를 즐길 수 없게 된다. 무의미와 만나는 횟수가 늘어난다든가, 무의미와 일상에서 흔하게 만날 수 있다는 사실을 이해하더라도, 무의미를 무의미하다고 정리하는 순간 무의미와 노는 것은 불가능해진다.

이야기와 함께 이미지가 무의미에 깊이를 더한다. "바보 같아"라고 코웃음 치는 사람 앞에서, 무의미의 이미지를 얼마나 부딪칠 수 있을지 생각해 보자. 무의미가 아무 효과가 없다고 무시하는 사람은, 결코 당신이나 나를 놀라게 할 만한 일은 하지 못한다. 하지만 무의미와 신나게 뒹굴면서 끝까지 놀아 본 사람은, 세상의 상식과 이해타산에 끌려가는 대중의 간담을 서늘하게 만드는 일을 한다.

스물두 살 무렵이다. 대학 동기 A는 가을이 끝날 무렵부터 길에 떨어진 은행잎을 모았다. 한두 장이 아니라, 몇천 장 혹은 몇만 장을 열심히 모았다. A는 새해가 밝은 후, 어느 폐교 한쪽에 잎이 다 떨어져서 가지만 앙상하게 남은 커다란 나무에, 모아둔 은행잎을 한 장씩 정성껏 붙였다. 빛바랜 황금빛 잎사귀로 무의미가 활짝 피어나는 모습을 보고, 나는 패배를 직감했다.

다음 해 겨울, 대학 후배 B는 스스로 키운 삼에서 얻은 삼베와 대학 빈터에서 직접 재배한 쪽을 활용해 예쁜 색깔의 청바지를 만들려고 했다. 그러나 허술한 계획 탓인지 혹은 농작물의 재배가 익숙하지 않은 탓인지 삼의 수확량이 청바지를 만들기에 턱없이 부족했다. B의 청바지는 왼쪽 다리는 무릎 아래까지, 오른쪽 다리는 사타구니만 겨우 가리는, 청바지라 부를 수 없는 이상한 옷이 됐다. B는 그것을 입고 부끄러워했지만, 그때 B의 얼굴은 너무나 아름다웠고, 평생 잊을 수 없으리라.

A와 B는 단 한 번도 그러한 행위에 어떤 의미가 있는지 말로 표현하지 않았다. 두 사람은 아무것도 정의하지 않은 채, 그저 가만히 손을 움직이고 육체를 채찍질하여 뛰어난 무의미를 완성한 것이다. 나는 감동할 수밖에 없었다. 그들은 지금 어디에서 무엇을 하고 있을까?

◆

내 어설픈 장기 실력은 친한 사람들 사이에서 유명하다. 어느 정도인가 하면 초반에 각角의 길이 열린 지점에서부터 승기가 희박하다고 짐작하며, 각의 맞교환 등의 노림수에 말려들어 "아, 망했다"라는 말이 바로 튀어나온다. 몰이 비차(장기 전법)에 있어서 상대방이 첫수에 5선으로 비차飛車를 옮기면, 벌써 장기 말을 던지고 싶어진다(실례가 될 테니 그러지는 않지만). 차라리 극한까지 무의미한 수나 둔 다음에 지고 싶다고 생각하지만, 요즘에는 AI가 첫수에 3팔금, 7팔금 등을 쓸 때도 있어서 반드시 무의미하다고 말하기는 어렵다. 남겨진 무의미는 9팔향 정도일까…… 다만 자포자기한 심정으로 장기판에 무의미를 요구한들 꼴불견인 외통수만 기다리고 있을 것이다. 장기는 상대방이 있어야만 가능하므로, 상대방을 불쾌하게 만드는 수는 안 된다.

무의미와 놀아 보면 알겠지만, 무의미를 느끼려면 상식 바깥으로 한 발짝 내디딜 용기가 필요하다. 장기에서는 불가능하지만, 다른 세계에서는 용기를 내보고 싶다. A나 B가 진지하게 임했던, 청춘을 소모하면서 보여 준 아름다운 무의미를 실현해 보고 싶다. 아니, 해야만 한다. 무의미의 효과를 설파한다는 명분으로 이 책에서 "이게 바로 무의미야"라고 말할 수 있는 것을 아직 선보이지 못했다. 무의미의 사례를 보여 주는 것과, 무의미의 의의를 생각하는 행위는 상반되는 것이 아니므로 괜찮을지도 모르겠다. 이래서는 그저 입만 살았고 한심할 따름이다. 지금부터는 (이 책도 이제 절반 이상 진행되어 버려서 남은 지면도 부족하지만) 무의미의 실제 예시를 들어 보고자 한다. 독자가 참고할 수 있고, 제대로 '무의미한 페이지구나'라고 생각할 수 있게끔 무의미의 실천론을 명시해 보겠다.

무의미의 디자인／사회로부터

업무 루틴에 무의미를 끼워 보자.

예를 들어 클라이언트가 추가로 터무니없는 변경을

요구했다고 치자. 당신은 그 사실을 사내에 공유해야만

한다. 그 전에 회사 입구에서 오른쪽 다리를 들어 올리고,

왼쪽 팔을 하늘로 뻗은 다음 5초간 균형을 잡아 본다.

의미는 없지만, 당신의 초조함은 조금이나마 줄어든다.

회사에서 받은 피로를 무의미로 풀어 보자.

예를 들어 피할 수 없는 야근이 발생했다.

'오늘은 막차를 타고 가겠네……'라고 생각했다면,
일단 용기 내서 회사 밖으로 뛰어나간 다음 길가에 핀
꽃(……이 보이지 않는다면 잡초여도 좋다. 돌멩이도
상관없다)을 1분간 바라보자. 끝났다면 회사로 돌아가
업무에 힘쓰자. 이 휴식에도 의미는 없다.

하지만 당신의 마음이 한순간이나마 해방된다.

타인과 소통할 때 무의미를 끼워 넣어 보자.
예를 들어 조금 혼잡한 전철에서 당신이 좌석에 앉아
있다면, 앞에 있는 누구에게든 자리를 양보해 보자.
"저, 다음 역에서 내리거든요"라고 한 마디 건네는 것도
잊지 말자. 당신이 내려야 하는 역은 아직 한참 남았을지도
모른다. 하지만 내린다고 말한 이상, 내리자. 평소라면
그대로 지나쳤을 역에 내리는 일은, 역시 의미 없는
무의미한 행동이다. 하지만 당신의 눈에는 분명,
어제까지 보이지 않았던 세계가 비친다.

일상 한편에 무의미를 가만히 놓아 보자.

예를 들어 녹초가 되어 귀가해서 손을 씻고, 이를 닦고, 정장을 벗고, 편한 옷으로 갈아입고, 한숨 쉬기 전에, 미리 책상 위에 준비해 둔 하얀 종이 위에 아무 그림이나 그려 본다. 당신의 귀가를 축복하는 캐릭터가 태어날 수도 있다.

그 캐릭터가 말한다. "오늘은 최악이었네."

의미도 없고, 재미도 없는 그림이다. 누군가를 행복하게 만드는 만화는 아니다. 하지만 안개로 뒤덮인 머릿속이 조금이나마 맑아진다.

친한 사람과 어깨를 맞대고 조용히 무의미를 맛보자.
예를 들어 친구(아내, 연인, 형제…… 어느 정도 긴
시간을 공유한 상대라면 누구든 좋다)와 나란히 혼잡한
길을 걷다가 느닷없이 어깨를 으쓱하면서 "지금 스쳐
지나간 사람, 잘 만들어진 사이보그네. 사이먼 라이트의
모델이야"라고 중얼거려 보자. 상대가 "어라? 그거
인간형으로 변신해?"라고 되묻는다면, "의태도 진화하고
있으니까"라고 말을 이어가도 좋고, 그렇지 않다면
(의아한 표정을 짓는다면), "농담이야. 영화의 한 장면을
따라 한 거야"라고 부끄러운 미소를 보여도 좋다. 그야말로
무의미한 영화의 한 장면이다. 하지만 이런 대화야말로
당신의 기억 속에 무의미의 안녕을 새긴다.

디자인이란 사고를 행동으로 바꾸고, 사회로 아웃풋 하는 과정을 설계하는 일이다. 색이나 형태를 정하는 행위가 아니다. 따라서 디자인에는 사고의 주체인 당신의 사상(어느 정도 확실한 의사 표현)이 포함되어야만 한다. 또한 디자인인 이상, 그것을 재현할 수 있어야 하며, 당신 이외의 제삼자도 그대로 실현할 수 있어야 한다. 이러한 조건 없이는 디자인이 아니라 예술에 가까우며, 완성도가 떨어질 수밖에 없다(굳이 신경 쓰지 않아도 좋다). 이번 챕터를 무의미의 디자인이라고 명명한 이상, 무의미를 실현하고, 만끽하고, 재현할 수 있는 행위라고 생각하여 몇 가지 방법을 기록했지만…… 판단은 독자에게 맡기고 싶다. 혹은 내 바보 같은 스타일 따위는 무시하고, 자유롭게 자신만의 접근 방법으로 무의미와의 거리를 좁혀 나가도 괜찮다.

무의미를 디자인하는 의미는 간단히 말하면 이 책의 주제인 '의미성에 대한 안티테제(반정립)의 실현'이다. 나도 당신도 의미라는 존재에 꽤 지쳐 있다. 의미는 필요하지만, 무분별한 의미의 공격으로부터 쫓기는 삶을 살고 있다면, 살아가는 이유를 잃어버리기 쉽다. 그러한 상황이 벌어지지 않도록 무의미를 통해 마음의 여유를 되찾는 것이 이 책의 유일한 의의다. 하지만 뜻밖의 우연에만 의존하는 무의미는 괴로울 수도 있다. 의미의 소용돌이 안에 있을 때는, 무의미와 만날 기회조차 놓칠 가능성이 크기 때문이다. 그러나 무의미를 디자인할 수 있게 되면 그 기회가 대폭 늘어난다. 어느 정도 의도적으로 (너무 자의적이어도 무의미성이 희박해지므로 주의해야 하지만) 무의미와의 만남을 즐기게 되면, 의미에 지친 마음이 구원받을 것이다. 앞서 말한 디자인의 사례는 약간의 용기, 즉 이성과 상식을 아주 조금이나마 인생에서 물러나게 만들면 실현할 수 있다. 그다지 어렵지 않다.

　그러한 용기를 손에 넣으려면, 의미를 바라지 않는 마음을 가치 순위 상단에 잠깐이나마 올려놓을 수 있어야 한다. 딱히 의미에서 파생하는 편리성이나 이익을 배제하라고 말하는 것이 아니다. 그런 건 불가능하다. 이 책은 신선神仙이 되어 속세를 벗어나는 것을 목표로 삼은 게 아니다. 가능한 범위 안에서 무의미와 해후하는 것이야말로 주제가 될 수 있다고 생각한 결과물이다.

더 어려운 문제는 앞서 언급한 것처럼 무의미를 디자인한다는 행위의 의미성을 포함하여, 주체적인 의식을 어느 정도까지 허용해도 되는지 알 수 없다는 점이다. 너무 계산적이면 이론에 오염된 무의미와 만날 수밖에 없고, 그러한 무의미에서는 아름다움이나 사랑스러움이 빠져 있을 확률이 높다.

디자인의 어려움은 거기에 있다. 뛰어난 디자인은 보편성을 지니기에 높은 재현성을 가진다. 다르게 말하면 디자인을 하는 쪽에서 어떤 결과가 나올지 미리 알고 있다는 것을 의미한다. 그렇게 되면 그것이 진짜 무의미인지 아닌지 꽤 의심스러워진다. '이렇게 하면 무의미와 만날 수 있다'라고 기대한 채로 무의미와 만나게 되면, 오히려 무의미의 가치가 손상되는 게 아닐까. 나는 그것이 걱정된다.

무의미에는 불확정성이나 불확실성이 필요하다. 내가 좋아하는 단어로 표현하면, 자신을 포함하는 주변 환경과의 '불관계성'이 디자인에 중요할지도 모른다. 디자인이라는 사상의 설계도에 사전 예측이 어려운 불관계성을 설정해 둔다. 혹은 불관계성을 피할 수 없을 법한 상황을 기획 단계에서 담는 것이 방법일지도 모른다.

◆

이래저래 어렵게 생각해 봤지만, 처음에는 손익을 따지는 게 좋을지도 모른다. 아무런 대가를 기대하지 않는 자세가 중요하지만, 시작부터 그러한 경지에 도달할 수 있는 사람은 아무도 없다. 생각해 볼 필요도 없다. 현재 나는 누구보다 무의미를 찾고, 무의미와 놀고, 무의미를 즐기는 솜씨가 뛰어나다는 자부심이 있지만…… 젊은 시절에는 그러지 못했다. 의미의 노예로 진흙탕에서 뒹굴던 시절도 있었다. 인생 전체를 돌아봐도 의미의 노예로서 만족하던 시간이, 무의미와 즐기던 시간보다 훨씬 길다.

그렇기에 조급해할 필요가 없다. 무의미의 디자인은 이론적으로는 단순하다. 의미에 대한 배려를 멈추고, 순수하게 무의미와 손잡는 나날은 시행착오를 통해 겨우 싹트기 마련이다.

무의미의 디자인 / 개인에게

무의미를 그려 보자.

준비할 것은 종이와 연필. 모티프는 종이다.

새하얀 종이에 새하얀 종이 그림을 그린다.

아무것도 그려지지 않은 종이를 제대로 관찰하고,

아무것도 그려지지 않은 종이 위에 그려 본다.

무의미의 차를 끓여서 무의미를 마셔 보자.

준비할 것은 찻주전자와 찻잔.

찻주전자에 뜨거운 물을 채운다.

무의미를 뜸 들인다. 그리고 찻잔에 따른다.

뜨거운 김에 얼굴을 쐬고 컵에 입을 댄다. 뜨거운가?

그 열량은 의미에 대한 예속을 나타내는 수치다.

무의미는
끓인 물보다
뜨거워.

무의미를 촬영해 보자.

다음 페이지는 수도꼭지에서 흘러내리는 물의 사진.

사진은 물조차도 정지한 조각으로 만든다.

—가장 이해하기 쉬운 무의미의 역할은

흐르는 시간을 조금이나마 멈추거나,

혹은 느리게 바꾸는 것에 있다.

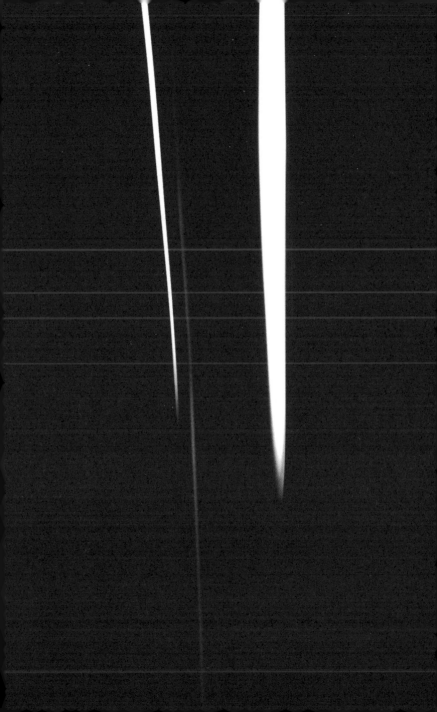

무의미를 일기로 써 보자.

누군가에게 읽히는 것을 전제로 쓰는 일기가 있을지도

모르겠지만, 일기는 대부분 누구에게도 읽히지 않는다.

내 일기 따위 읽고 싶은 사람도 없고, 보여 주기도 싫다.

차라리 당사자를 포함해 누구한테도 가치가 없는

무의미한 것들을 일기에 써 보자. 그렇게 무의미를 쓰다

보면 무의미의 서사시가 자유롭게 퍼져나갈지도 모른다.

6월 13일 맑음

대학에서 강의가 있는 날이다. 정문을 바쁘게 빠져나가 강의실
까지 잰걸음으로 이동한다. 보육사가 미는 커다란 유모차에 탄
유아들을 초등부 소녀들이 가만히 바라본다. 유아들이 어색하
게 손을 흔든다. 소녀들이 같은 식으로 손을 마주 흔든다. 그 옆
으로 서른일곱 살의 아저씨가 이마에 땀을 흘리면서 스쳐 지나
간다. 신발 끈이 풀린다. 땀이 멈추지 않는다.

무의미를 읊어 보자.

들어줄 사람이 없어도 좋다.

단어를 쥐어짜고, 단어를 늘어놓고, 단어를 조합하여,

무의미하다고 수긍할 수 있는 한 문장을 만들어 본다.

이것은 꽤 어려울지도 모른다.

문자는 문자
단어는 단어
어구는 어구
그냥 써 봐
그냥 읽어 봐.

무의미의 배치를 바꿔 보자.

생활 동선을 마구잡이로 바꾸기는 어렵지만,

불편하지 않은 수준에서 변경하려는 시도가 무의미를

디자인하는 간편한 방법이다. 처음에는 꽃병의 위치를

현관에서 거실의 테이블로 바꾸거나, 책을 쌓아둔 탑을

30센티미터만 이동하는 수준이어도 좋다.

육체는 그러한 변화에 반드시 반응한다.

그것은 육체가 무의미를 인식했다는 중요한 경험이다.

무의미를 걸어 보자.

적당한 시간과 약간의 돈을 준비한다. 휴일에 당신이
모르는 장소를 걸어 보자. 멀지 않은 편이 좋다(여행을
의식할수록 그 과정은 오히려 무의미와 멀어지게
만드니까). 대중교통으로 1시간 정도 걸리는, 흥미도
관심도 없었던 장소에 일부러 찾아간다. 그리고 걷는다.
그곳에서 시간을 보낸다. 깜짝 놀랄 정도로 지루할지도
모르지만, 육체와 정신이 무의미에 익숙해지는
경험이라고 생각하면 좋겠다. 이러한 행동으로 이 세상
어디에도 이름 없는 곳이 존재하지 않는다는
사실을 알게 된다.

◆

    일부러 쓰지 않았지만⋯⋯ 무의미와 만나는 기초적인 방법으로 미술관에 가는 것을 추천한다. 나는 도쿄예술대학에 다니던 무렵에 무의미의 진정한 의미, 무의미가 지닌 가치의 훌륭함을 깨달았다. 그러한 경험 덕분에, 의미에 살해당할 뻔한 자신을 구할 수 있었다. 미술은 무의미를 괴롭히지 않는다. 무의미가 의미와 사고의 원천이 된다는 사실을 미술은 알고 있기 때문이다. 그러한 관점에서 미술만큼 무의미에 상냥한 존재도 없다. 앞서 열거한 무의미의 디자인에는 어느 정도의 비법이라고 할까, 익숙해지는 것이 (사람에 따라서도 다르지만) 필요하다. 무의미의 경험을 위해서는 미술이 가진 상냥함을 접하는 것도 하나의 방법이다.

무의미의 의미

의미를 버리고

무의미를 즐기고,

다시 의미를 낳는다.

그 반복이 인생이라고 하면,

그렇게 멋진 것도 없다.

살아 있는 것에 의미는 있다.

그 의미를 보다 빛나게 하는 것이 무의미다.

◆

무의미의 효과를 설득하는 시점에서, 무의미에 의미가 있다고 천명하는 것이나 다름없다. 그런 점에서 이 책은 시작부터 모순을 품고 있다. 이 모순에 관해 딱히 변명을 준비하지 않았다. 왜냐하면 무의미는 당신의 삶을 느긋하게 만들고, 일상을 풍족하게 할 가능성을 조금이나마 갖는다는 의미가 있기 때문이다.

처음에는 구석구석 무의미를 채운 책, 어느 페이지를 펼치더라도 무의미만 늘어서 있는 신기한 책을 만들려고 했지만, 몇 가지 이유로 그러지 않았다. 우선 독자를 위해서 단순히 무의미를 제시하는 것보다, 무의미의 가치를 전달하는 것이 최우선이라고 생각했기 때문이다. 막연히 무의미의 사례만 나열해 봤자, 그러한 행위에 어떤 의미가 있는지 언어화하지 않고서는 아무도 무의미를 사랑할 수 없을 것이다. 또 다른 이유로는 독자가 무의미를 직접 실천했으면 하는 소망을 들 수 있다. 무의미에 관심을 가지고, 무의미를 찾고, 무의미를 실현하기 위한 능력은, 이 책을 읽는 당신이 나보다 더 뛰어나지 않을까…… 하고 기대하기 때문이다.

나는 작가이면서 편집자이기도 하다. 편집자라는 인종은 대체로 무의미를 싫어한다. 그보다는 무의미를 겁내는 성향이 있다. 의미 없는 단어와 문장, 일러스트와 구성. 그것들이 진짜로 **올바르게**(이 표현에서 이미 의미의 노예라는 사실이 드러난다) 책에서 기능하고 있는지, 편집자는 늘 불안하다. 책이라는 미디어가 의미의 덩어리라고 마음속 깊이 믿고 있기에 발생하는 습성일 것이다.

즉 무의미의 의미를 말하려고 하는 행위는, 의미를 따지고 무의미를 겁내는 편집자인 나 자신에 대한 저항이라고 볼 수 있다. 이 책은 그러한 저항이 전부다. 나는 지금 무언가 결과를 바라고 있지 않다. 무의미였다고 웃게 되는 결말을 피하지 않는다. 그러한 결말도 이 책의 본질에서 어긋나는 것은 아니라고 생각한다.

◆

물론 나의 독선적인 감회로 이 책을 마무리하더라도 당신에게 의미가 있으리라고는 생각하기 어렵다. 따라서 다시 한번 무의미의 의미를 강조하면서 끝내려고 한다.

무의미는 의미를 파괴한다. 혹은 무의미는 의미를 죽인다. 이것은 절대 사소한 일이 아니다. 당신의 감각과 이성, 사고와 행동의 자유는 의미에 의해 상당히 침해당하고 있다. 인터넷에 흘러넘치는 정보가 당신 스스로 선택할 권리를 빼앗는다. 매년 인쇄되는 엄청난 양의 서적이 당신의 독창적인 사상을 진부하게 만든다. 회사에서 쏟아지는 획일화된 문자들이 당신의 창의적인 아이디어를 박살 낸다. 타인과의 커뮤니케이션에 끼어드는 무수한 단어가 당신의 얼굴에서 미소를 없앤다(스마트폰이 없었다면 나는 지금쯤 얼마나 많은 타인과 나의 단어로, 나의 감각으로, 나의 열의를 담아, 나답게 대화할 수 있었을까!). 지금까지 당신의 인생에서 나답게 살아갈 기회를, 얼마나 많은 의미가 죽여 왔을까. 하지만 그만큼 의미로부터 수많은 가치를 부여받기도 했다. 나도 마찬가지다. 의미라는 도움이 있었기 때문에 지금의 내가 있는 것이다. 그것마저 부정하는 것은 아니다.

하지만 아침저녁으로 범람하는 의미를 처리하느라 에너지를 대부분 소비해 버리면, 우리 모두 의미에 정신이 무너져 버린다. 그렇게 되면 인터넷의 과도한 언어에 휘둘리며 일희일비하거나, 보잘것없는 여론 따위에 좌지우지되거나, 복잡한 의미가 발생하는 관계를 만드는 것을 힘겨워하거나, 의미의 폐인으로 남은 인생을 살아가게 될 뿐이다. 그러한 고생이 무의미한 것은 아니지만, 의미를 처리하느라 인생을 낭비하고 싶지는 않다.

◆

　무의미의 의미는, 타인이 강요하는 의미에 짓밟히지 않기 위한 억지력을 기르거나 혹은 방어벽을 치는 것에 있다. 무의미를 통해 그러한 의미로부터 자유를 얻을 수 있다면, 나도 당신도 진정한 의미를 손에 넣을 수 있게 되리라.

나오며

　만약 '완전히 무의미한 후기'가 있다고 하면, 어떤 것일지 한참 생각해 봤지만 '재미있는 무의미'는 표현할 수 없기에 단념했습니다. 많은 책이 그렇겠지만, 책의 마지막 부분은 저자가 마음대로 해도 좋은 공간은 아닙니다. 책을 손에 든 독자와 편집자를 비롯하여 도움을 준 사람들에게 감사를 담은 문장을 나열하기 때문입니다. 즉 이곳에서 저는 의미를 따르는, 의미의 모범생입니다만, 여기서는 그래도 괜찮지 않을까요.

　대학교 1학년 봄에, '개념 예술' 강의에서 가와라 온河原溫의 〈Date Painting〉이라는 작품을 봤을 때 처음으로 무의미의 가치를 생각해 볼 수 있었습니다. 그 작품은 캔버스에 완성된 연월일만 적혀 있었지만, "그래, 이건 내게 의미가 없어"라고 제 의식을 강하게 흔들었습니다.

가와라 온 정도의 작가라면, 미술사의 맥락에서 얼마든지 할 말이 많습니다. 그 사실을 알면서도 저는 꽤 흥분하면서 "무의미한 숫자다. 그렇기에 내 시선을 붙잡는 것이다. 무의미가 나의 모든 해석을 거부한다. 그 태도가 아름답다"라고 생각했습니다.

표현 중에는 보는 이의 이해를 전제로 하지 않는 것이 있습니다. 예를 들어 현대미술에 대해 "의미를 모르겠어"라고 고개를 갸웃거리는 사람이 있지만, 그것은 조금도 잘못된 태도가 아닙니다. 그 작품이 우리의 이해를 바라고 있지도 않습니다. 그처럼 토막 난 관계성(저는 '불관계성의 미학'이라고 남몰래 이름 붙였습니다)은 감상자가 무의미를 허용함으로써 해결합니다. 무의미하다고 생각하면 좋은, 무의미하다고 느낀 지점을 출발선으로 삼아서 사고를 쌓아 올리면 언젠가 스스로 가치를 발견하게 됩니다.

무의미와 마주함으로써 얻을 수 있는 경험은, 편견과 선입관에 빠지기 쉬운 현대의 정보공간에서 사고의 여백을 만듭니다. 행동의 선택지도 늘어나겠죠. 그러면 자연스레 삶의 방식에도 여유가 생겨날 터입니다.

인터넷은 앞으로도 엄청난 양의 의미를 우리의 일상에 가져다주겠죠. (그 변화가 편리하면 편리할수록) 연쇄적으로 사회는 점점 더 무의미에 편협해질 수도 있습니다. 그렇게 되었을 때, 우리가 정말로 자유로운 사고와 얽매이지 않는 행동을 보장받을 수 있을지 모르겠습니다. 제 걱정은 거기에 있습니다. 만약 이 책을 읽은 분 중에 제가 말한 무의미의 효용에 관심을 가지고 생활을 저해하지 않는 수준에서 무의미를 소중히 하고자 실천해 주는 사람이 한 분이라도 있다면, 저자로서 생각지도 못한 기쁨이 될 것입니다.

마지막으로 이 책의 담당 편집자인 슌쥬샤春秋社의 나카가와 고中川航 씨, 감사합니다. '도중에 본문 용지를 바꾼다'라는 무의미한 아이디어는 이 책이 말하고자 하는 무의미에 좋은 색을 더해 주었다고 느끼고 있습니다.

그리고 독자 여러분, 이 책을 손에 들어 주셔서 다시 한번 감사드립니다. 앞으로도 저는 무의미를 사랑하고, 무의미를 즐기고, 무의미를 계속해서 생각하도록 하겠습니다.

가와사키 쇼헤이

무의미를 읽는 순간

초판 1쇄 2024년 7월 26일

지은이 가와사키 쇼헤이

옮긴이 구수영

펴낸이 김상기

펴낸곳 리마인드

출판등록 제2021-000076호(2021년 9월 27일)

주소 서울특별시 은평구 응암로14길 1-15, 801호

전화 070-8064-4518 **팩스** 0504-475-6075

이메일 remindbooks@naver.com

편집 김상기 **디자인** 나침반

인쇄·제본 명지북프린팅

ISBN 979-11-979637-7-3 03100